So wird es gemacht:

Öffne das LÜK®-Kontrollgerät und lege die Plättchen in den unbedruckten Deckel. Jetzt kannst du auf den Plättchen und im Geräteboden die Zahlen 1 bis 24 sehen. Für die Übungen in diesem Heft benötigst du nur die Plättchen 1 bis 12.

So arbeitest du weiter, bis alle Plättchen im Geräteboden liegen. Schließe dann das Gerät und drehe es um. Öffne es von der Rückseite. Wenn du das bei der Übungsreihe abgebildete Lösungsmuster siehst, hast du alle Aufgaben richtig gelöst.

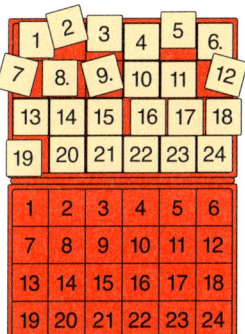

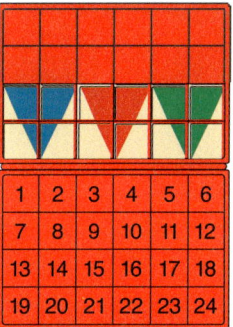

Beispiel: Seite 2

Setze die Anlaute ein.

Nimm Plättchen 1. und sieh dir Aufgabe 1. an.
Die Lösung ist **A** mit der Ziffer **11**.
Lege also Plättchen 1. auf die Ziffer **11** im Kontrollgerät. Die Zahl muss dabei nach oben zeigen.

Passen einige Plättchen nicht in das Muster, dann hast du dort Fehler gemacht. Drehe diese Plättchen da, wo sie liegen um und öffne es wieder. Jetzt kannst du sehen, welche Aufgaben du falsch gelöst hast. Nimm diese Plättchen heraus und suche die richtigen Ergebnisse. Kontrolliere dann noch einmal. Stimmt jetzt das Muster?
Das System ist für alle Übungen gleich: Die roten Aufgabenziffern im Heft entsprechen immer den miniLÜK-Plättchen aus dem Kontrollgerät. Die Feldzahlen bei den Lösungen sagen dir, auf welche Felder im Kontrollgerät die Plättchen gelegt werden.

Und nun viel Spaß!

LÜK® – Begründet von Heinz Vogel
Autorin dieses Heftes: Antonia Gwiasda, Christel Tetzlaff
Illustrationen: Theresia Koppers und Svenja Doering
Druck und Verarbeitung: westermann druck GmbH, Braunschweig
© 2018 Georg Westermann Verlag GmbH
Georg-Westermann-Allee 66, 38104 Braunschweig, service@westermann.de
2. Auflage 2025   ISBN 978-3-8377-**4881**-9

Laut-Buchstaben-
Verbindung kennen

Setze die Anlaute ein.

1. 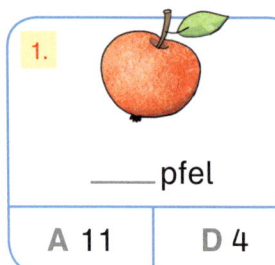 ____ pfel	2.  ____ atze	3.  ____ le
A 11 — D 4	H 2 — K 7	Y 12 — Eu 10

4.  ____ ofa	5.  ____ mer	6.  ____ ilze
S 12 — Qu 9	Ei 3 — U 4	D 6 — P 8

Mit welchem Anlaut beginnt das Wort?

7.

J	1
L	3
Sch	9

8.

X	1
T	5
P	2

9.

N	5
Z	3
Au	9

10.

Z	2
W	4
F	6

11.

R	6
D	8
M	2

12.

H	12
Z	7
Sch	2

Silben und Piloten

Welcher Pilot passt?

1.

Pak____t

o	i	e
12	6	7

2.

____mer

Ei	Au	Eu
3	1	9

3.

Bl__me

o	u	a
11	12	8

4.

B__rne

o	i	e
7	8	3

5.

K__ter

a	e	o
5	4	11

6.

Pil__t

a	e	o
1	12	4

Welche Piloten passen?

7.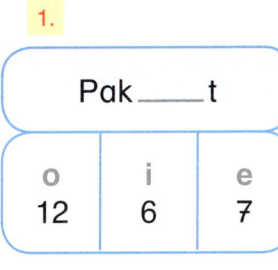

8.

9.

10.

11.

12.

o i o	a a e	a e	i i i	u	e i
9	6	1	2	11	10

Wörter mit **el**, **en**, **er** mitsprechen

Finde die passenden Endungen.

1. Fin g... 	el 12 er 8 en 11

2. Na d... 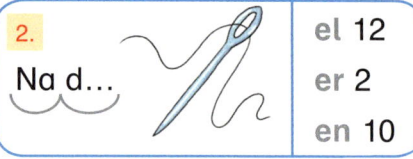	el 12 er 2 en 10

3. Wur z... 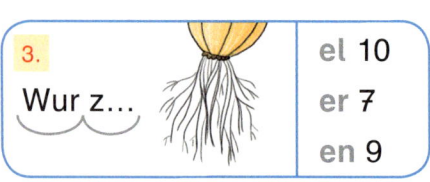	el 10 er 7 en 9

4. Be s... 	el 2 er 8 en 7

5. Fen st... 	el 1 er 3 en 11

6. Ku ch... 	el 2 er 9 en 11

7. Ta f... 	el 5 er 10 en 7

8. Fül l... 	el 2 er 1 en 11

9. Re g... 	el 5 er 11 en 9

10. Am p... 	el 4 er 2 en 12

11. Ro bo t... 	el 4 er 2 en 5

12. Blu m... 	el 7 er 8 en 6

Wörter mit Doppelkonsonanten mitsprechen

Verbinde die Silben. Sprich die Wörter deutlich mit.

1. kom

4. wol

nen 11

sen 6

2. sam

5. mes

men 8

tern 9

3. kön

6. klet

meln 10

len 7

Sprich die Wörter in Silben mit.
Ist die erste Silbe offen oder geschlossen?

		offen	geschlossen
7.	bitten	11	4
8.	fragen	2	1
9.	rennen	3	12
10.	geben	5	6
11.	essen	9	1
12.	fallen	5	3

Selbstlaute (Vokale) und Mitlaute (Konsonanten) unterscheiden

Ist der markierte Laut ein Selbstlaut oder ein Mitlaut?

		Selbstlaut	Mitlaut
1.	laufen	11	12
2.	werfen	8	10
3.	fangen	9	7
4.	klettern	5	11
5.	schwimmen	2	3
6.	springen	7	1

Wortwechsel:
Verändert sich ein Mitlaut oder ein Selbstlaut?

Nagel	7. → Nadel	8. → Nudel
Mitlaut 1	Selbstlaut 3	Mitlaut 5	Selbstlaut 4

Hund	9. → Mund	10. → Mond
Mitlaut 10	Selbstlaut 7	Mitlaut 3	Selbstlaut 4

Tonne	11. → Tanne	12. → Wanne
Mitlaut 9	Selbstlaut 6	Mitlaut 2	Selbstlaut 10

Abc als Ordnungsprinzip kennen

Welches Wort kommt nach dem Abc zuerst?

Hund 2
Katze 12
Vogel 6

1.

Rose 3
Tulpe 11
Nelke 9

2.

Eimer 11
Besen 5
Schaufel 8

3.

Jahr 1
Tag 6
Monat 5

4.

Puppe 3
Jo-Jo 11
Quartett 1

5.

Herd 2
Topf 11
Deckel 10

6.

Gras 3
Heu 10
Stroh 5

7.

Tasse 11
Becher 7
Kanne 1

8.

Reh 5
Maus 1
Igel 6

9.

Brot 12
Kuchen 9
Torte 6

10.

Tee 4
Saft 11
Limo 8

11.

Floß 9
Boot 4
Kahn 12

12.

Wörter mit **ie** und **i** mitsprechen

Welche Wörter reimen sich?

1.	Ziege	schiefe 3	4.	lieben	liegen 4
2.	tiefe	Ziele 6	5.	Siege	schieben 2
3.	Spiele	Wiege 1	6.	fliegen	Liege 11

ie oder **i**?
Sprich die Wörter in Silben und setze richtig ein.

7. Fl____ge — ie 10   i 1

8. W____nter — ie 11   i 7

9. St____fel — ie 5   i 4

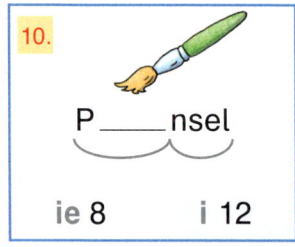

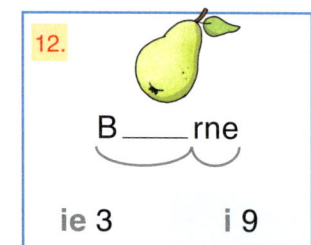

10. P____nsel — ie 8   i 12

11. F____ber — ie 8   i 5

12. B____rne — ie 3   i 9

Wörter mit **β** und **s** mitsprechen

Wie klingt das **β** oder **s**? Zischend oder summend?

		β Zischen	**s** Summen
1.	grüßen	2	11
2.	Wiese	10	6
3.	gießen	3	8
4.	Speisen	6	1
5.	Straße	9	4
6.	beißen	5	1
7.	außen	11	5
8.	reisen	9	7
9.	Füße	4	12
10.	draußen	10	7
11.	Größe	8	6
12.	Bluse	3	12

Nomen (Substantive) ordnen

Ordne die Nomen zu.

1.

Fuchs

2.

Baum

3.

Lineal

4.

Oma

Mensch 2

Tier 1

Pflanze 3

Ding 6

Welche Wörter sind Nomen?

5. PILZ 12 8

6. AXT 4 9

7. DORT 7 10

8. BUCH 8 4

9. FROH 12 5

10. ONKEL 11 9

11. UND 4 7

12. FISCH 9 2

Artikel (Begleiter) zuordnen

Ordne den passenden Artikel zu.

1.
die 9 · der 7 · das 10
_____ Zwiebel

2.
die 8 · der 11 · das 4
_____ Topf

3.
die 8 · der 9 · das 12
_____ Uhr

4.
die 4 · der 1 · das 10
_____ Feuer

5.
die 2 · der 1 · das 7
_____ Kran

6.
die 3 · der 1 · das 12
_____ Kind

7.
die 5 · der 2 · das 7
_____ Tasche

8.
die 2 · der 3 · das 9
_____ Strauch

9.
die 9 · der 12 · das 7
_____ Krokodil

10.
die 1 · der 3 · das 2
_____ Netz

11.
die 10 · der 8 · das 4
_____ Dach

12.
die 6 · der 4 · das 2
_____ Jacke

Wörter mit **ck** und **tz**

Suche das Reimwort.

1.	flitzen	necken 11	4.	hocken	flicken 12
2.	wecken	Witze 4	5.	Mütze	locken 8
3.	Spritze	sitzen 7	6.	schicken	Pfütze 10

ck oder **tz**? Setze ein.

7.

Schne___e

ck 5   tz 8

8.

Bli___e

ck 5   tz 1

9.

Gla___e

ck 10   tz 3

10.

Ka___e

ck 11   tz 9

11.

Da___el

ck 2   tz 8

12.

Glo___e

ck 6   tz 2

Wörter mit **St/st**, **Sp/sp** und **Qu/qu** mitsprechen

St oder **Sp**? Ordne zu.

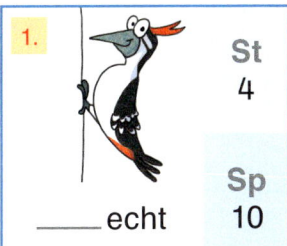

1. _____echt — St 4 / Sp 10

2. _____inne — St 2 / Sp 12

3. _____rauch — St 7 / Sp 10

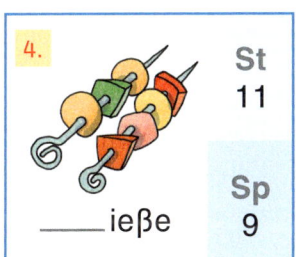

4. _____ieße — St 11 / Sp 9

5. _____empel — St 2 / Sp 8

6. _____ufe — St 11 / Sp 6

Welche Wörter reimen sich?

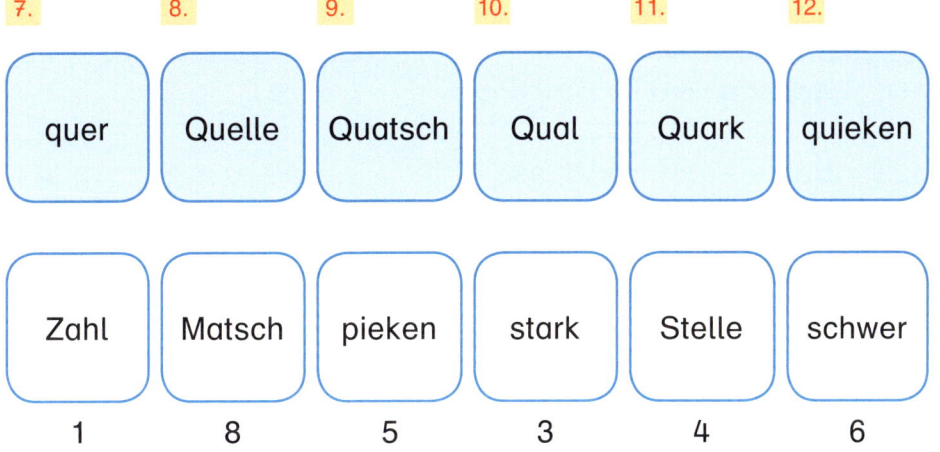

7.	8.	9.	10.	11.	12.
quer	Quelle	Quatsch	Qual	Quark	quieken
Zahl	Matsch	pieken	stark	Stelle	schwer
1	8	5	3	4	6

Einzahl (Singular) und Mehrzahl (Plural) bilden

Einzahl und Mehrzahl: Ordne zu.

3. die Lampe

1. der Pinsel

2. das Auto

4. die Flöte

5. der Stift

6. die Karte

die Lampen	die Flöten	die Stifte	die Karten	die Autos	die Pinsel
11	7	5	9	10	8

Betrachte Einzahl und Mehrzahl.
Was hat sich verändert?

7.	Rolle ⟶ Rollen	se 5	n 3	e 2
8.	Apparat ⟶ Apparate	se 8	n 4	e 1
9.	Bus ⟶ Busse	se 12	n 5	e 4
10.	Schere ⟶ Scheren	se 2	n 6	e 9
11.	Mikrofon ⟶ Mikrofone	se 10	n 5	e 2
12.	Farbe ⟶ Farben	se 12	n 4	e 1

Hinweis: Seite 40 im Sprachbuch.

Wörter mit r und h mitsprechen

Bilde Wörter aus den Silben.
Sprich die Wörter deutlich mit.

1.		tur
2.		Ster
3.		dür
4.		par
5.		Wür
6.		Ar

me 10
ken 1
nen 2
fel 11
ne 9
fen 5

Welche Wörter reimen sich?

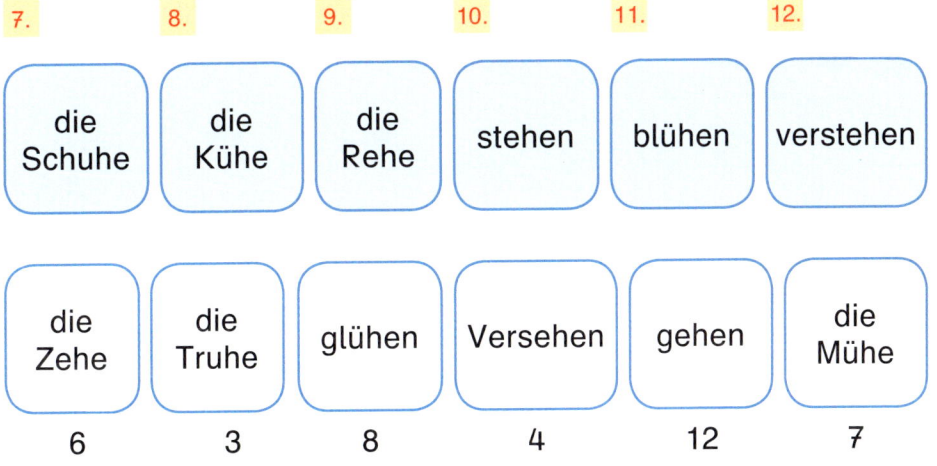

7.	8.	9.	10.	11.	12.
die Schuhe	die Kühe	die Rehe	stehen	blühen	verstehen
die Zehe	die Truhe	glühen	Versehen	gehen	die Mühe
6	3	8	4	12	7

Wörter mit Auslautverhärtung weiterschwingen: **t** oder **d**

t oder **d**? Schwinge weiter.

1.	die Schil___er	das Schil___	t 6	d 1
2.	die Sala___e	der Sala___	t 3	d 4
3.	die Fel___er	das Fel___	t 8	d 6
4.	die Kin___er	das Kin___	t 7	d 2
5.	die Mona___e	der Mona___	t 11	d 12
6.	die Rin___er	das Rin___	t 9	d 4

t oder **d**? Schwinge weiter.

| 7. Der Hun___ bellt laut.

t 12   d 10 | 8. Ali ist mein Freun___.

t 3   d 7 | 9. Ist das Bro___ frisch?

t 5   d 9 |
| 10. Wir schlafen im Zel___.

t 12   d 3 | 11. Gefällt dir mein Klei___?

t 12   d 8 | 12. Ich sende Oma ein Pake___.

t 9   d 12 |

Satzschlusszeichen setzen

Wie endet der Satz?
Achte auf das Satzschlusszeichen!

Geld**?**	Zoo**?**	Zoo**.**	mit**.**	auf**!**	mit**?**
11	5	4	1	3	2

Welches Satzschlusszeichen ist richtig?

7.	Darf ich mitspielen ___	. 8	? 7̶	! 4
8.	Gerne, du bist in unserer Mannschaft ___	. 9	? 6	! 2
9.	Siehst du nicht, dass Emma frei ist ___	. 2	? 6	! 3
10.	Spiel ab ___	. 8	? 11	! 12
11.	Tor ___	. 3	? 9	! 10
12.	Das hat Spaß gemacht ___	. 8	? 7̶	! 12

Wörter mit Auslautverhärtung
weiterschwingen: **k** oder **g**, **p** oder **b**

k oder **g**? Schwinge weiter.

1.
Kennst du
den We___?

k 1   g 3

2.
Welcher Ta___
ist heute?

k 3   g 5

3.
Oma gibt mir ein
Geschen___.

k 2   g 12

4.
Wir besteigen
einen Ber___.

k 3   g 4

5. Mein Onkel
arbeitet in der
Fabri___.

k 8   g 2

6. Der Ste___
ist eine
kleine Brücke.

k 9   g 6

p oder **b**? Schwinge weiter.

7.
Haltet den
Die___!

p 5   b 12

8.
Eine junge Kuh
nennt man Kal___.

p 8   b 10

9.
Die Fee hat einen
Zaubersta___.

p 12   b 1

10.
Gib mir bitte
das Sie___.

p 2   b 7

11.
Rotkäppchen hat
einen Kor___.

p 2   b 9

12.
Ich wünsche mir
ein Mikrosko___.

p 11   b 10

Hinweis: Seite 51 im Sprachbuch.

Wörter mit Doppelung weiterschwingen

Wörter mit Doppelung? Schwinge weiter.

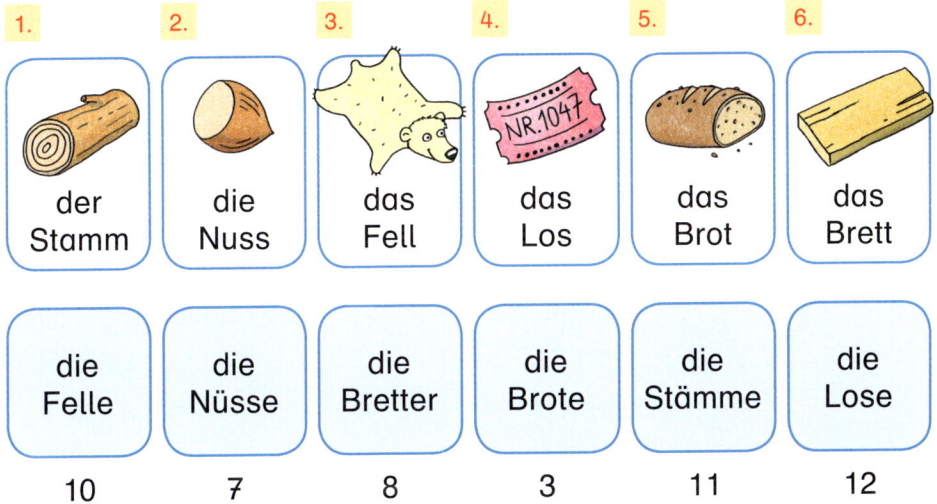

1.	2.	3.	4.	5.	6.
der Stamm	die Nuss	das Fell	das Los	das Brot	das Brett

die Felle	die Nüsse	die Bretter	die Brote	die Stämme	die Lose
10	7	8	3	11	12

Schwinge weiter. Was ist richtig?

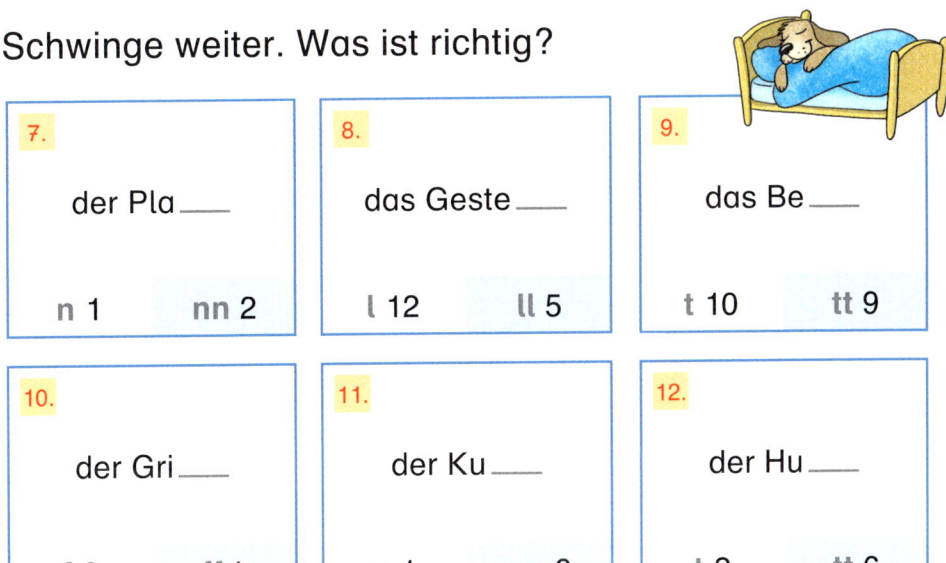

7. der Pla___   n 1   nn 2

8. das Geste___   l 12   ll 5

9. das Be___   t 10   tt 9

10. der Gri___   f 6   ff 4

11. der Ku___   s 1   ss 6

12. der Hu___   t 2   tt 6

Verben kennenlernen 1

Ordne passende Verben zu.

1. Bälle
2. Pinsel
3. Eichhörnchen
4. Bienen
5. Scheren
6. Lampen
7. Kinder
8. Hähne

klettern 7

krähen 4

leuchten 11

schneiden 2

lachen 6

rollen 10

malen 12

summen 9

Ordne die richtige Personalform zu.

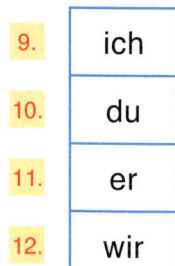

9.	ich
10.	du
11.	er
12.	wir

sing_

t	3
en	5
e	8
st	1

Hinweis: Seite 60 im Sprachbuch.

Verben kennenlernen 2

Denke an die wir-Form!

Welche Buchstaben gehören in die Lücken?

1.
er trin ___ t

k 4   g 10

2.
er gi ___ t

p 12   b 2

3.
sie fra ___ t

k 2   g 5

4.
sie win ___ t

k 3   g 6

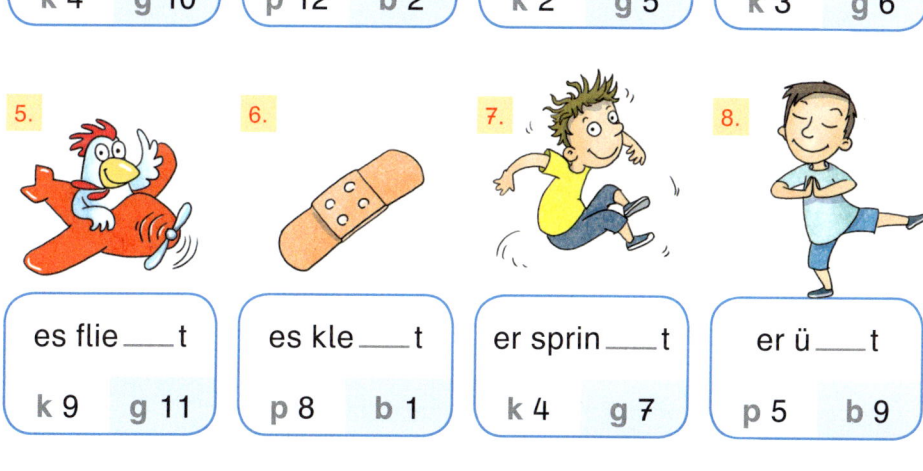

5.
es flie ___ t

k 9   g 11

6.
es kle ___ t

p 8   b 1

7.
er sprin ___ t

k 4   g 7

8.
er ü ___ t

p 5   b 9

9.
sie par ___ t

k 6   g 1

10.
sie sa ___ t

k 10   g 12

11.
es hu ___ t

p 10   b 3

12.
es stin ___ t

k 8   g 5

Verben mit Doppelung und h weiterschwingen

Setze die passenden Buchstaben ein.

> Die wir-Form hilft dir.

1. er lei $\overset{h}{\underset{h}{}}$t

2. sie ste $\overset{h}{\underset{h}{}}$t

3. es ge $\overset{h}{\underset{h}{}}$t

4. sie gewi $\overset{n}{\underset{nn}{}}$t

5. er schwi $\overset{m}{\underset{mm}{}}$t

6. es brü $\overset{l}{\underset{ll}{}}$t

brüllen → also mit ll	5
stehen → also mit h	6
leihen → also mit h	2
gewinnen → also mit nn	1
schwimmen → also mit mm	9
gehen → also mit h	3

Wie ist es richtig?

> Die wir-Form hilft dir.

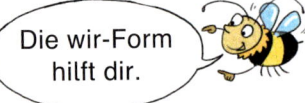

7.
Der Ball ro___t.

l 8   ll 11

8.
Leo wi___t.

p 10   ~~pp 7~~

9.
Lola re___t.

n 12   nn 4

10.
Die Rose blü___t.

~~h 4~~   h 10

11.
Der Kreisel dre___t sich.

~~h 7~~   h 8

12.
Die Kohle glü___t noch.

~~h 1~~   h 12

Adjektive kennenlernen 1

Adjektive sagen, wie etwas ist. Wie sind die Dinge?

1. Das Trikot ist …

2. Die Schuhe sind …

3. Der Ball ist …

4. Die Spieler sind …

5. Das Spielfeld ist …

6. Der Bus ist …

schmutzig	bunt	leer	rot	traurig	kaputt
7	8	3	11	12	10

Finde die Gegensatzpaare.

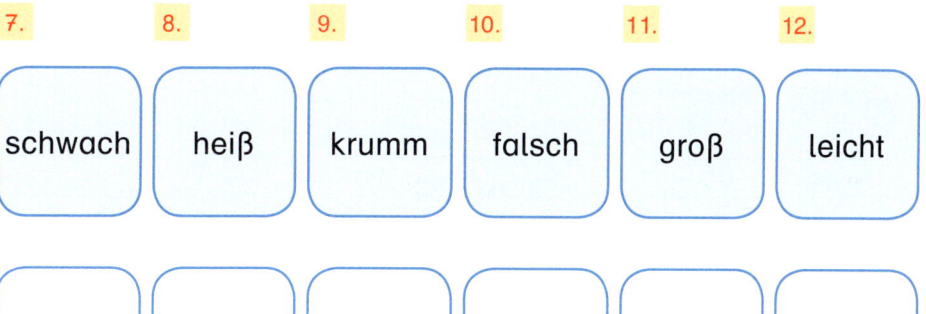

7.	8.	9.	10.	11.	12.
schwach	heiß	krumm	falsch	groß	leicht

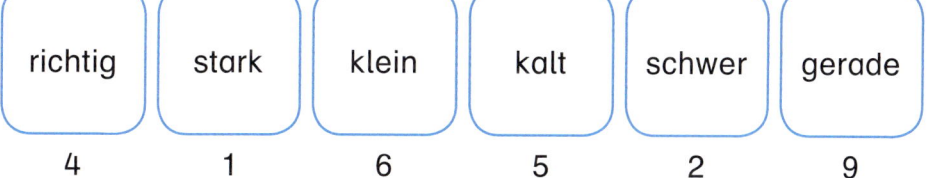

richtig	stark	klein	kalt	schwer	gerade
4	1	6	5	2	9

Mit Adjektiven beschreiben

Setze das passende Adjektiv ein.

1. der ____ Löwe

wild 8   wilde 3

2. die ____ Schnecke

langsam 2   langsame 5

3. der ____ See

tief 5   tiefe 2

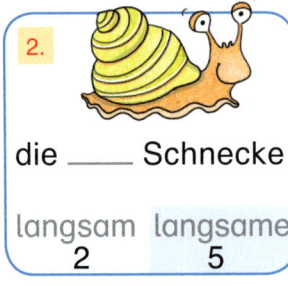 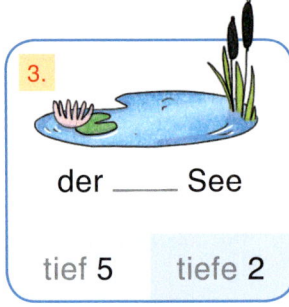

4. der ____ Clown

lustig 8   lustige 4

5. die ____ Schlange

giftig 7   giftige 8

6. der ____ Riese

groß 4   große 6

 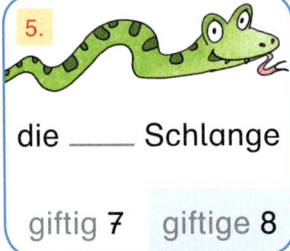 

7. die ____ Feder

leicht 2   leichte 12

8. das ____ Gras

grün 12   grüne 10

9. das ____ Eis

kalt 3   kalte 1

 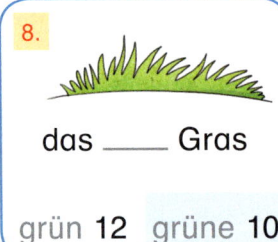 

10. die ____ Lampe

hell 6   helle 7

11. der ____ Weg

weit 1   weite 9

12. das ____ Haus

alt 2   alte 11

 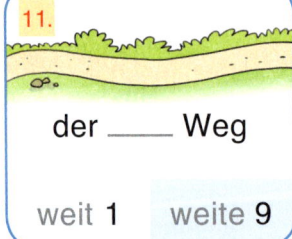 

Wörter mit **ie** weiterschwingen

Welche Nomen, Adjektive oder Verben mit **ie** gehören zusammen?

1.	2.	3.	4.	5.	6.
mieses Wetter	schiefer Turm	die Siege	die Papiere	ziehen	fliegen

schief	der Sieg	Es fliegt.	mies	Er zieht.	das Papier
12	7	11	10	2	9

Setze **i** oder **ie** ein.

		i	ie
7.	Das Sp___l geht so:	9	6
8.	Jedes K___nd würfelt.	4	3
9.	Es z___ht seine Figur.	6	8
10.	Manchmal fällt man runter, das ist f___s.	8	1
11.	Wer zuerst am Z___l ist,	9	3
12.	hat ges___gt.	12	5

Wörter mit **ä** und **äu** ableiten

Welche Wörter gehören zusammen?

1.	2.	3.	4.	5.	6.
die Schale	laufen	raten	die Qual	rauben	kaufen
das Rätsel	schälen	der Räuber	der Käufer	quälen	der Läufer
10	8	3	11	7	12

Ä oder **äu**? Bilde die Mehrzahl.

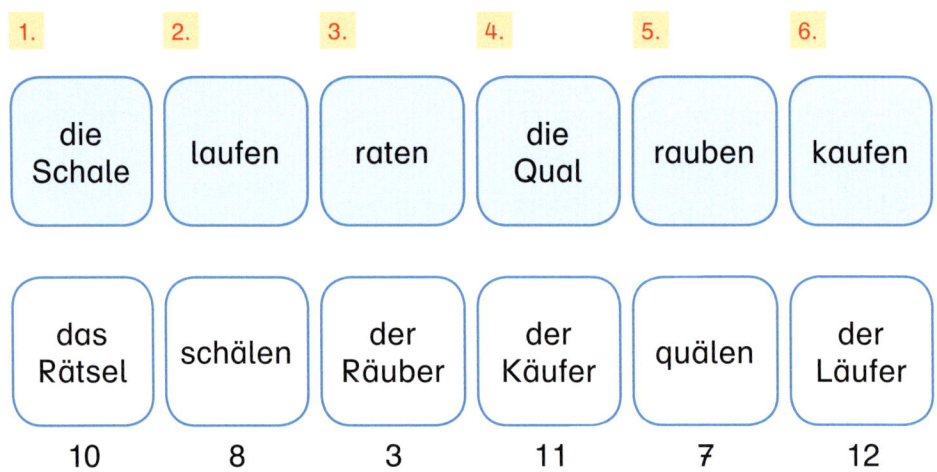

7.	die Bank	die ☐☐☐ B___nke	ä 5	äu 11
8.	das Haus	die 🏠 H___ser	ä 11	äu 1
9.	das Band	die 🎀 B___nder	ä 9	äu 2
10.	die Maus	die 🐭 M___se	ä 3	äu 4
11.	die Gans	die 🦢 G___nse	ä 2	äu 3
12.	der Baum	die 🌳 B___me	ä 4	äu 6

Hinweis: Seite 78 im Sprachbuch.

Unregelmäßige Verben kennenlernen

Diese Verben verändern ihren Wortstamm.
Was gehört zusammen?

1. er isst
4. sie liest
lesen 8
fangen 10

2. es säuft
5. es fängt
sehen 12
essen 7

3. er tritt
6. sie sieht
saufen 11
treten 4

Welche Buchstaben fehlen in der Verbform?

	äu	ä	i
7. Sie l___ft.	5	6	2
8. Er tr___gt.	7	1	9
9. Es h___lft.	9	12	3
10. Sie spr___cht.	12	7	9
11. Er h___lt.	7	2	12
12. Es st___cht.	9	10	6

Wortfamilien kennenlernen □

Welche Wörter gehören zusammen?

1.  malen	2.  schlafen	3.  kochen
4.  zeigen	5.  laufen	6.  handeln

die Hand	der Koch	der Läufer	der Maler	der Schlaf	der Zeiger
4	6	11	1	3	2

7.  helfen	8.  läuten	9.  sprechen
10.  sehen	11.  lieben	12.  fahren

gefährlich	das Gesicht	die Sprache	laut	die Hilfe	lieblich
9	12	5	7	10	8

Hinweis: Seite 81 im Sprachbuch.

Wörter mit **V/v** merken M

Welches Wort passt in den Satz?

1.	Das Glas ist ___.	voll 2	leer 9
2.	Der Apfel fällt ___ Baum.	in den 10	vom 9
3.	Ich stehe ___ der Tür.	vor 5	auf 7
4.	Das sind ___ Bälle.	zwei 10	vier 1
5.	Der Brief ist ___ Oma.	von 11	an 5
6.	Zum Geburtstag ___ Glück!	kein 2	viel 10

Wie klingt das **V v** in dem Wort?

		v wie 	v wie 
7.	Vogel	3	11
8.	Vase	5	7
9.	Klavier	9	6
10.	Vater	12	5
11.	Vulkan	2	8
12.	Veilchen	7	4

Schreibe die Merkwörter mit **V/v** ab.

Oberbegriffe kennenlernen

Ordne die Nomen den passenden Oberbegriffen zu.

		Kleidung	Spiel-zeug	Fahr-zeuge	Möbel
1.	der Pulli	8	12	6	2
2.	das Quartett	5	10	3	11
3.	das Auto	2	1	11	4
4.	der Ball	5	7	12	9
5.	der Tisch	4	1	6	5
6.	das Kleid	9	3	2	8
7.	der Schrank	8	1	12	3
8.	das Fahrrad	6	3	1	12
9.	die Hose	12	6	9	1
10.	das Bett	1	10	7	6
11.	das Schiff	8	3	2	1
12.	die Puppe	9	4	1	7

Hinweis: Seite 90 im Sprachbuch.

Adjektive weiterschwingen 3

Welche Buchstaben fehlen?
B oder **p**, **d** oder **t**, **g** oder **k**?

			b	p	d	t	g	k
1.	run__	der run__e Ball	5	10	4	2	3	8
2.	trü__	das trü__e Wasser	2	6	12	8	1	5
3.	kran__	die kran__e Katze	7	6	1	11	8	5
4.	bun__	das bun__e Bild	5	2	8	3	12	11
5.	en__	die en__e Gasse	7	9	2	1	11	12
6.	lie__	das lie__e Kind	1	11	4	9	2	6
7.	frem__	die frem__e Sprache	1	3	7	9	5	2
8.	wei__	der wei__e Weg	6	12	7	9	8	3
9.	schlan__	die schlan__e Frau	5	4	9	10	7	6
10.	blin__	der blin__e Mann	9	8	12	6	1	2
11.	lan__	die lan__e Zeit	7	12	11	3	10	6
12.	gel__	die gel__e Sonne	8	4	1	9	5	7

Hinweis: Seite 91 im Sprachbuch.

Wörter mit **i** merken

M

Welche Merkwörter fehlen hier?

1. Im _____ sehen wir einen Film.

2. Der  _____ landet das Flugzeug sanft.

3. Im Nil leben _____ .

4. Das Fell von _____ ist gelb und schwarz.

5. Es gibt ein Lied über _____ , die sich küssen.

6. _____ leben im Wasser und gehören zu den Walen.

7. Diesen Baum hat ein _____ umgenagt!

8. Die Tochter meines Onkels ist meine _____ .

9. Eine _____ bringt auch Geröll ins Tal.

10. Ein verfallenes Gebäude nennt man _____ .

11. Statt Butter nehme ich _____ .

12. _____ gibt es vor allem im Sommer.

Margarine	Delfine	Tigern	Lawine	Pilot	Ruine
6	8	12	9	7	4

Nektarinen	Krokodile	Igel	Kino	Biber	Kusine
2	10	3	11	1	5

Schreibe die Merkwörter mit **i** ab.

Wortbausteine (Vorsilben) kennenlernen

Welche Wortbausteine (Vorsilben) passen?

1.	einen Text ＿＿schreiben	ent 6	ab 3
2.	aus dem Bett ＿＿stehen	zu 9	auf 5
3.	eine Geschichte ＿＿lesen	vor 2	ver 6
4.	sich im Wald ＿＿laufen	an 12	ver 4
5.	die Tür ＿＿schlagen	zu 8	er 2
6.	den Hund ＿＿führen	ein 7	aus 6
7.	den Saft ＿＿gießen	be 11	ein 12
8.	das Band ＿＿schneiden	zer 10	ent 5
9.	einen Film ＿＿schauen	ver 8	an 1
10.	ein Abenteuer ＿＿leben	ent 2	er 7
11.	einen Gast ＿＿grüßen	be 9	an 8
12.	einen Brief ＿＿werfen	zer 3	ein 11

Wörter mit **ä** merken

Löse die Rätsel.

1.	das Gegenteil von früh	Käfig 5
2.	Krach	Mädchen 7
3.	Kind	Käse 4
4.	Werkzeug	Träne 1
5.	Monat	schräg 3
6.	kleines Insekt	spät 10
7.	Geschichte	Bär 8
8.	Lebensmittel	Lärm 12
9.	Raubtier	Säge 9
10.	Körperflüssigkeit	Märchen 6
11.	geneigt	Käfer 11
12.	Behälter mit Gitter	März 2

Schreibe die
Merkwörter mit **ä** ab.

Hinweis: Seite 108 im Sprachbuch.

Wortarten wiederholen

Welche Wortart ist das?
Bilde auch Sätze aus den Wörtern.

1.	Bild	Adjektiv 9
2.	bunt	Nomen 2
3.	malen	Verb 5

4.	sauber	Adjektiv 1
5.	Hose	Nomen 11
6.	tragen	Verb 10

7.	schenken	Adjektiv 7
8.	neu	Nomen 5
9.	Spiel	Verb 3

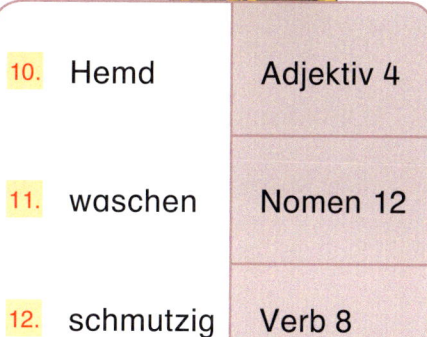

10.	Hemd	Adjektiv 4
11.	waschen	Nomen 12
12.	schmutzig	Verb 8

Präpositionen kennenlernen

Wo haben sich die Mäuse versteckt?
Setze die richtigen Wörter ein.

1. Die Maus sitzt ___ Korb.

2. Die Maus klettert ___ den Schrank.

3. Die Maus rennt ___ das Bett.

4. Die Maus sitzt ___ dem Besen.

5. Die Maus frisst ___ der Vase.

6. Schau, auch ___ dem Ball ist eine Maus!

unter 11   in 5   hinter 7   auf 10   im 8   neben 9

Wo suchen die Katzen?
Setze die richtigen Wörter ein.

7. Die Katze schaut ___ den Schrank.

8. Sie schnüffelt ___ den Stühlen.

9. Sie springt ___ die Vase.

10. Die Katze sitzt ___ den Kartons.

11. Sie geht ___ den Korb.

12. Die Katze schläft ___ Bett.

vor 6   über 12   im 4   zwischen 1   hinter 2   unter 3

Wörter mit Dehnungs-**h** merken

M

Welche Wörter reimen sich?

1.	2.	3.	4.	5.	6.
das Ohr	der Sohn	der Zahn	das Jahr	sehr	zählen

der Hahn	das Rohr	mehr	wählen	wahr	der Lohn
8	9	1	12	10	11

Wie viele Silben hat das Wort?

	1 Silbe	2 Silben
7. fahren	12	5
8. ohne	2	3
9. Uhr	7	8
10. Fehler	9	2
11. zehn	4	8
12. ihr	6	7

Schreibe die Merkwörter mit **h** ab.

Wörter mit **x** und **y** merken

M

Ordne den Bildern die Wörter zu.

1.	2.	3.	4.	5.	6.

Teddy	Zylinder	Lexikon	Nixe	Axt	Xylofon
10	11	7	3	8	12

Verbinde die Puzzleteile.

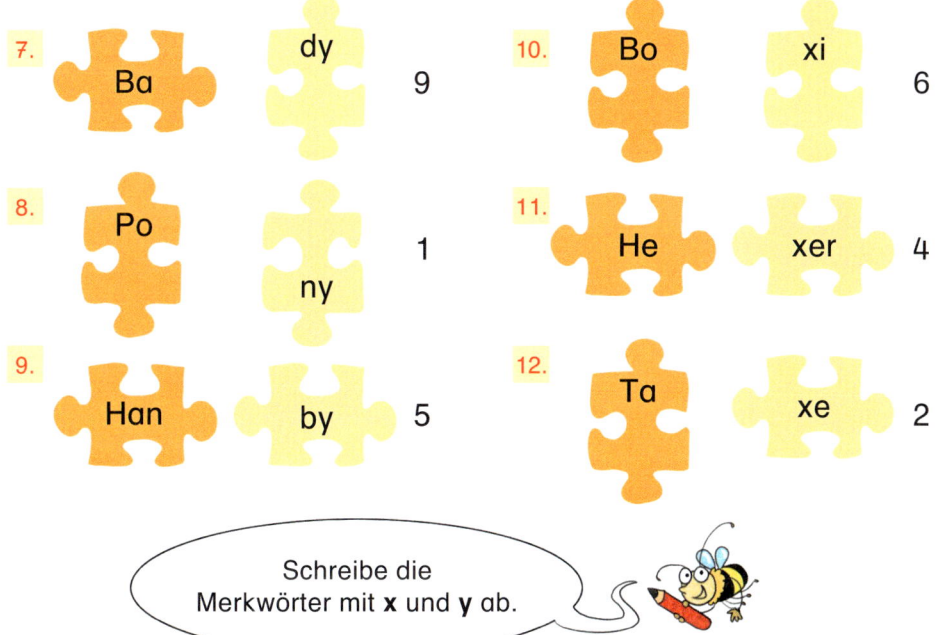

7. Ba — dy — 9

8. Po — ny — 1

9. Han — by — 5

10. Bo — xi — 6

11. He — xer — 4

12. Ta — xe — 2

Schreibe die Merkwörter mit **x** und **y** ab.

Hinweis: Seite 99 im Sprachbuch.

Zusammengesetzte Nomen bilden.

Kannst du die Nomen zusammensetzen?

1.  +

2.  +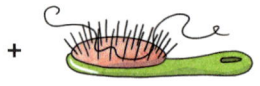

3.  +

4. +

5. +

6. +

7. +

8. +

9.  +

10.  +

11.  +

12.  +

Handschuh 7	
Zahnbürste 10	
Blumentopf 8	
Löwenzahn 6	
Seilbahn 9	
Wasserhahn 11	
Taschengeld 2	
Tischbein 5	
Spiegelei 1	
Schneemann 3	
Wortstamm 12	
Bildschirm 4	